うんこのあかちゃん

おとうちゃんの出産絵日記

長谷川義史

おせっかい助産師●村中李衣

この本の絵日記は 、家族のために描いたものです。個人的でわかりにくいところがたくさんあると思います。ごめんなさい。

うちには、男の子が三人いるのですが、ひとりめの男の子が生まれたときのことです。うちのおくさんに出産の場面をビデオにおさめるように命じられました。大役です。はじめての経験、出産の立ち合い、ラマーズ法の呼吸に合わせて、左手でおくさんの腰をさすりながら、右手にビデオカメラをもって撮影しました。したつもりでした……。映ってませんでした。あわてて へんなところのスイッチを押してたんでしょう。おこられました。そりゃおこりますよね、もう一回できませんから……。おくさんは言いました。「アホ！　出産のようすを絵日記にして描いて」と。それが、わが家の出産絵日記のはじまりです。

それから、ふたりの男の子が生まれましたが、全員の出産に立ち合いました。絵日記を描きました。ふたりめからはビデオは三脚にセットして、両の手でしっかりおくさんの腰をさすりました。ひとりめは自然分娩させてくれる病院で、ふたりめは助産院で、三人めはとうとう自宅出産でした。お湯もわかしました。へその緒も切りました。

そんな三回の出産立ち合いの経験をある日、村中李衣さんにお話しすると、「その絵日記、見せて」とおっしゃる。お見せすると「こりゃ本にせにゃいかんよ」とまたおっしゃる。絵日記を世に出産できたのはうれしいことです。おせっかい助産師、村中李衣さんのおかげです。李衣さん、とりあげてくれてありがとう。

長谷川義史

うんこのとうちゃん

4月27日
水よう日
はれ

4月27日 朝

少しおなかがいたいと言って
おくさんは病院へ行った。
しきゅうを やわらかくする
ちゅうしゃを うつために。
ぼくは まだ
おきた ばかりで
ねぼけていました。

12時 少し前 もうおくさん帰ってくるだろう と
思っていると でんわが なった。
陣痛が きているので 入院。すぐにきてくれ ということでした。
ついに きたかと こうふん したけれど
おちつかねば と 思った。

でんわで言われたことメモして、まず

せんたくほした

あらいものをした

レモンのかわを
ほうちょうで
むいて
レモンのかわは
かたいねん
なあ と
思った

レモンのかざりを
つくった

入院セットの入った
カバンをチェック
カメラもビデオも
いれる

ガスしめた
でんきけした

カギしめて
いそいで
出かけた

おひるどきやし
はらがへってはいくさはできぬ
いうし、めしでもくっていこうかと
まようが、やっぱりはやく
いこうと思いなおして
とりあえず
中村屋のコロッケと
おにぎりをかって
地下鉄にのった。

1時すぎに 田中病院 についた。

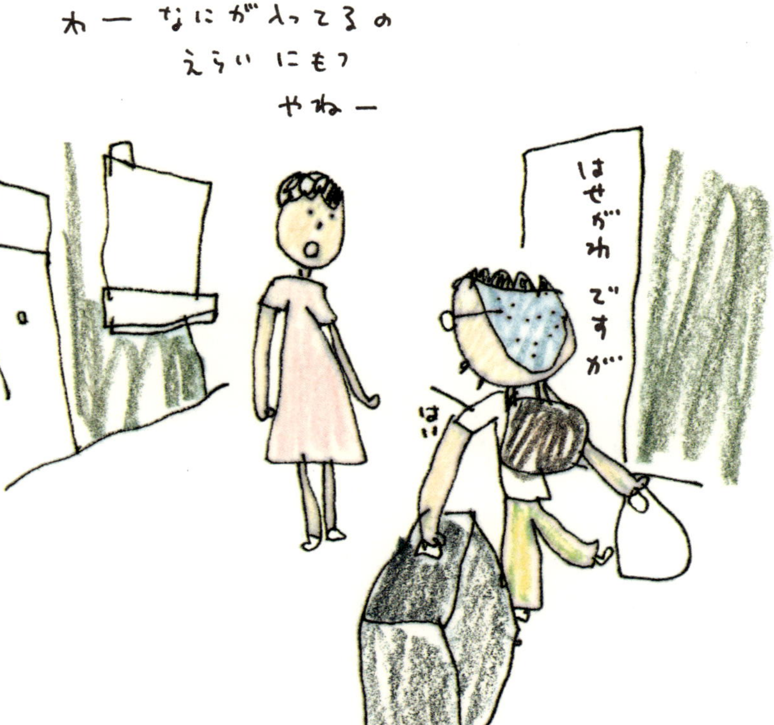
わー なにが入ってるの
えらい にもつ
やねー
はせがわ ですが…
はい

あかちゃんを産ませて もらう へや に 入ると
たたみのよこにおくさんが あかちゃんを
産むときの ふくにきがえて 立っていた。
おー もう はじまってる いよいよ かいなー
と 気合いが 入った。

すぐに こしを さすってくれと言うので

さすった やっぱり れんしゅうのときより

力が入る

これは おにぎりを くっている ばあい ちゃう ことに気がつく

助産師さんに きくと うまくいけば 夕方生まれると

おしえてくれた。「うまくいけば ねー」ということでした。

もう 2・3分おきに
陣痛がきているようでした。

テレビで見たうまのお産といっしょや。
にんげんも どうぶつや ねんなあと思う。
すきを みて おにぎりを 2つ 食べる。
あとできくと スースーハーの 呼吸法のとき
おにぎり くさかった そうである。わるいことをした。
でも 二日酔いで なくて よかった。

陣痛、ピークがおわったと思ったらすぐにつぎの
ピークがくる　かなりいたそうです。
助産師さんが少し　すわってみたらと言うので
すわってみる。　どうしても　力が入るようで
こしをさすりながら、かたを　もんだりする。

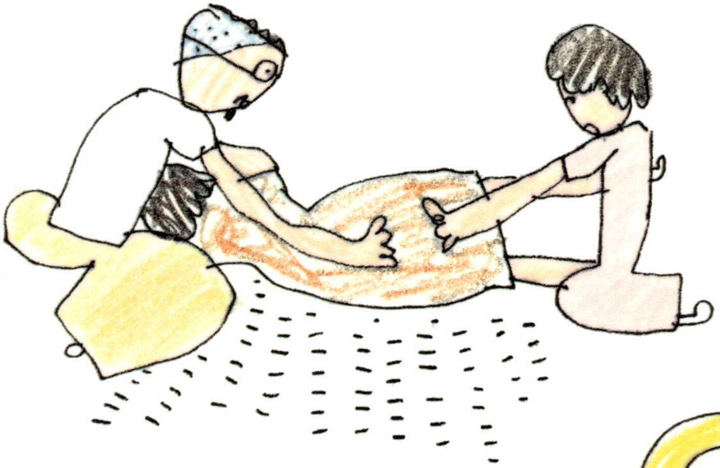

助産師さんが 呼吸法を
リードしてくれます。
「もう名前考えてるんですか」
とかきかれた。
さすが あたりまえやけど
おちついてはる。
ぼくと年もかわらないのに…。
ここの助産師さんはみんな
カワイイひとたちでした。

3時ごろ

あかちゃんの 心音を きくと
ドキッドキッドキッ と いってる
「元気ですよー」と助産師さんが
おしえてくれた。そして助産師さんが
呼吸法をフーッウンに
しましょう と言った。

先生
どお?
まだちょっとかかりますねー
フーフハー

3時半ごろ

あかちゃんの頭
頭が
あっぱくされて
しわ〃ってました。
やわらかいので
びっくり。
あかちゃんのかみの毛
（くるくるしてます）

ほら見てごらんと助産師さんがあかちゃんの
頭をおしえてくれた。うわーー
ほんまに出てきてるんやー わーー
出たりひっこんだりしている わー 毛がはえてる
ガンバレ ガンバレ！
すでにこのときもうかわいらしかったのでした。

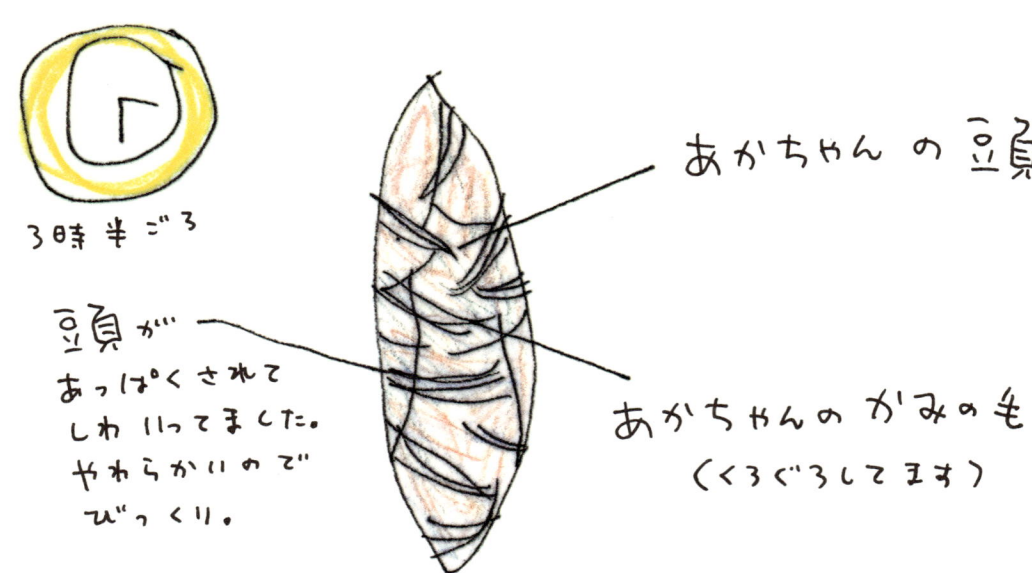

もう 頭 見えてるでー と おしえてあげると
「うそー」と びっくりしていた。

助産師さんがおくさんの 手をとって
頭をさわらせてくれた。
「えー これが頭、やわらかいー」
と 感動していた。

もう こんなに
出てきた
いたそうやけど
ガンバッて ほしい。

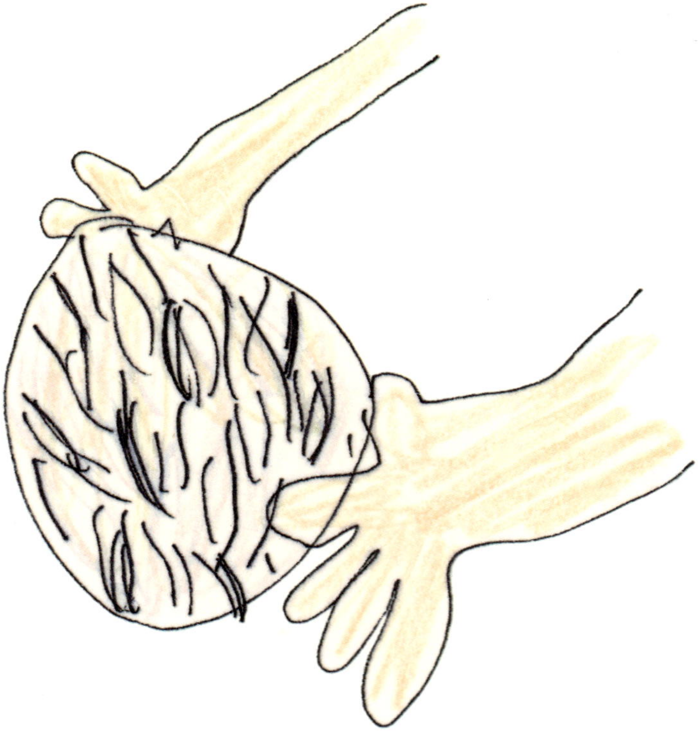

4時ごろ

いよいよ 頭が 出っぱなしで
はさまったように ひっこまなくなった。
もう少しや もう少しや

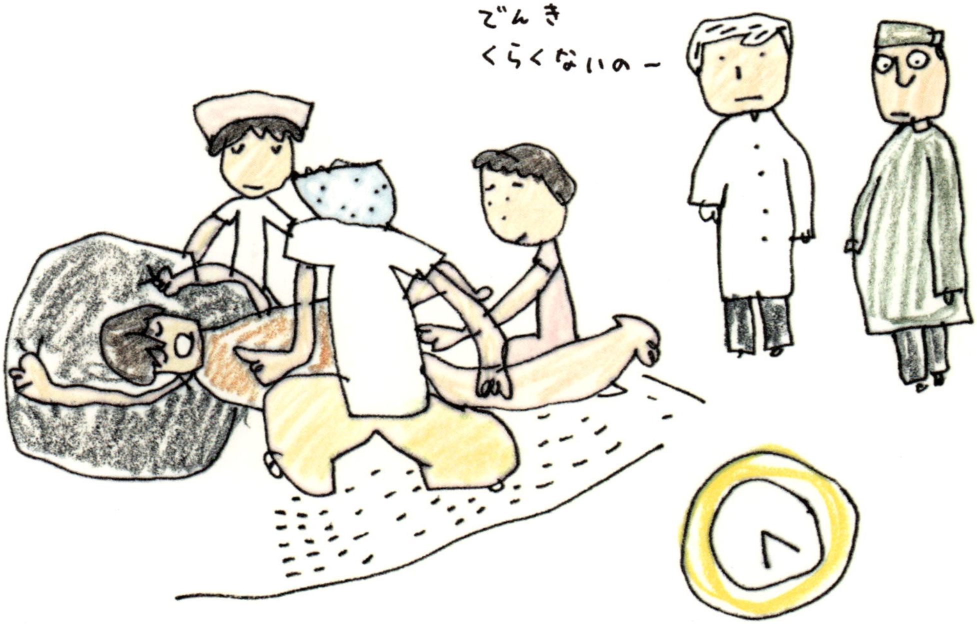

男の先生がふたり やってこられた　4時半ころ
助産師さんも もうひとり よこについてくれはった。
「はせがわさん じょうず じょうず」と
声をかけてくれはる。

フーッウンの呼吸も かなりつらそうだ。
いきみたいらしい。
でも いたいと言わないので すごいと思った。

もう ちょっと や
あと3回くらいかなー
あわてずに
じょじょに
4時45分くらい
うわー
うわー
「フーッウン
あと3回くらいですか」
とかおくさんがしゃべる
えらいやっちゃ.

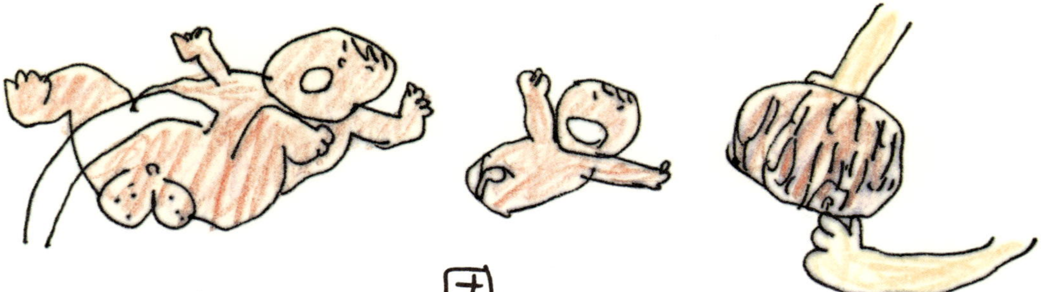

うわーと思ったら
頭ムリッと出たら
あかちゃんブリブリッといっぺんに
出てきた。

うわー

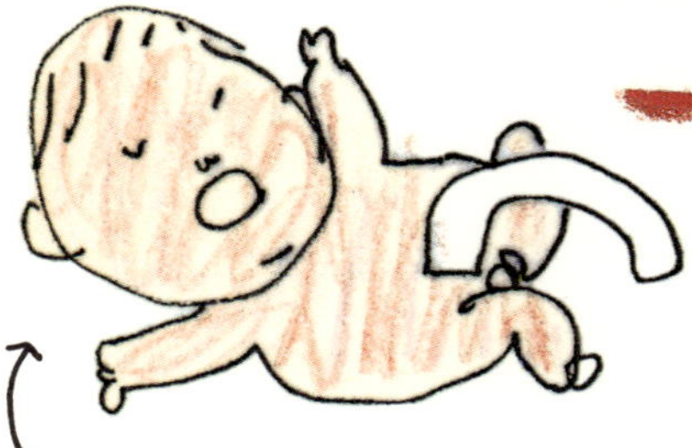

うわー 出てきた
うわー ちんちんや
男の子や うわー

うわーないてる
元気やー

ヘソのおがまだつながっているあかちゃんを助産師さんが
おくさんのおなかの上にのせてくれ、まだ自分とつながっている
生まれたばかりのあかちゃんをおくさんがだいて、
「うわーかわいいー」と言っているのを見て、母親と子どもって
すごいなーと思いました。

「ずるい自分らばっかり感動して」でも母親もあかちゃんも
いのちかけて産んで生まれてきたんやし…
なんか、マラソンを走りきったひとと道で旗ふってたひとの
ちがいみたいで、うーん父親はさみしい。

「はい おとうさんが ヘソのおを きってくださいね」
と言われて コワゴワぼくがきりました。プチンッ
「はい これで ひとりだち」と助産師さんが言いました。
1994年4月27日 水よう日はれ 午後5時10分
男の子が生まれました。 3760グラム
よく生まれてくれました。元気に産んでくれて
ありがとう。

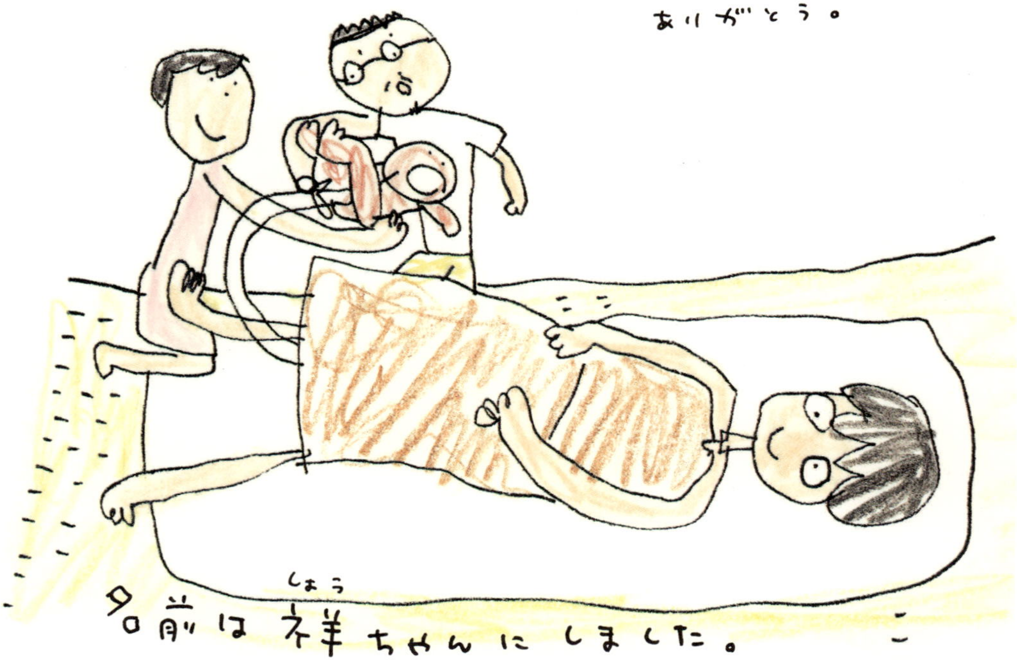

名前は祥《しょう》ちゃんにしました。
おめでたいっていう意味です。
元気にそだってください。

うんこのとうちゃん

はじまりは、ひとごと

村中　長谷川さん、なかなかやるねぇ。はじめてっちゅうのに、よく、ひるまんと、おかあちゃんのこと、支えたねぇ。

長谷川　ひるむもなにも、最初のうちは、どこかひとごとみたいなとこあったんですわ。あかちゃんができたと聞かされたときも、なんだかいまひとつ、ここに新しいいのちがあるっていう実感、わけへんかったん。けど、おかあちゃんになるひとの決意は固くて、「わたしだけの問題ちゃうで、あんたもいっしょにやってくれな困る」ときっぱり言われた。ほんで、「へえ、そんなもんかいな」と手をひっぱられてお産まで突入したようなもんですわ。お産がはじまっても、見るもの聞くものはじめてやから、ものめずらしくて、へー、そうかいな、ほー、なるほどなるほど、そのうち、お産がどんどん進んでいって、やっと、うわー、うわー、こりゃえらいこっちゃ、ってな感じですわ。

村中　その、どんどんひとごとでなくなるようすが、絵日記見てたら、ようわかるわ。おかあちゃんをさする姿、はじめのころは腰ひけとるやんか。右手でなでてても、左手は逃げてるもん。それが、だんだん本腰入ってきて、長谷川さんのからだとおかあちゃんのからだのリズムが同調しあってくるのんが、ようわかるよ。四時半ころにはお医者さんより助産師さんより、ずうっと、気合い入って、うしろ姿に隙がない！

長谷川　それは実際ほんまのことやねん。だんだんわかってくんねん、手のひらとおして……。せやから、こう言っちゃわるいけど、「でんき、くらくないのー」言うてるお医者さんたち、やっぱ、お産の宇宙の外におんねん。

村中　部屋があんまり明るすぎると、暗いおなかのなかから出てくるときに、あかちゃんにとってまぶしすぎるんやってね。うちの長男は、二歳くらいのときに「外があんまりまぶしくて、びっくりした」って言ってたよ。

長谷川　ほんまかいな。

おとうちゃん誕生

村中　ねぇ、いよいよあかちゃんの頭が出っぱなしでひっこまなくなったところで、「いたそうやけど、ガンバッてほしい」「もう少しや、もう少しや」ってつぶやいてるよね。

長谷川　うんうん、あれはやっぱり感動します。わが子の頭ゆうか髪の毛がぐうっと迫って見えて、「もうすぐです、もうここにいます」いうのんを、おかあちゃんにでなく、ぼくに必死で見せてくれとるような感じやねん。せやから、ごっつうかわいらしい。頭のてっぺんだけで、すでに、かわいらしいねん。

村中　そうやったんやねえ。で、あれは、どっちに声かけてたん？「いたそうやけど、ガンバッて」「もう少しや」って、おかあちゃんにエールおくってたん？　それとも？

長谷川　ひゃひゃひゃっ……あかちゃんにやろなぁ。

村中　せやろ？　あそこから、おとうちゃんが誕生したんやなぁ〜って思った。

長谷川　男はね、どんなにお産に協力しても、いっしょにラマーズ法を勉強しても、やっぱ、女のひとのようにマラソン走りぬくひとにはなれへんねん。けど、たったひとつだけ、女のひとよりわが子に接近できんのが、この、あかちゃんがおなかのなかから出てくる姿を、最初に自分の目で見届けてやれることやと思うねん。このときだけは、旗なんかふっとる場合とちゃうもんなぁ。ぼくがしっかり見てあげないと。

村中　そうか、そうか、わかったぞ。それがなかったんが、わが家のおとうちゃん誕生がのんびりになった理由なんやね。はずかしながら、うちの場合、長男の生まれる寸前の頭に向かって、「どうやってこれほど固い頭にしたの？　煮干の食べすぎとちがう？　ねぇ、そうでしょ。きっとそうだわ、仙崎の煮干でしょ！」と叫んどったのは、おとうちゃんじゃなくて助産師さんやったし、産着だって間に合わずに「すいません」って頭さげて産院の産着でやりすごしたんよ。

長谷川　まぁまぁ、李衣さん、落ち着いて。こりゃ、李衣さんとこのおとうちゃん、一生言われるなぁ。

お産という宇宙

村中　ともかく、「おまえがこの世に着地した瞬間をおとうちゃんがしっかり見届けたで」っていうのんは、長谷川家における父と子の絆の元の結び目なのかもしれんね。

　ところでさぁ、つわりのとき、炊きたてのご飯のにおい、つらかったんとちがう？

長谷川　うん、そやったかなあ……。え？　なんでわかる？

村中　お産のときには、それまでの十ヶ月を、一気にひとまわりし直すんよ。いのち授かってからこの世に送り出すまでのすべてを、ぐる〜りひとまわり。うれしかったこと、不安になったこと、愛したこと、祈ったこと、ぜ〜んぶ。

長谷川　ほんで、おにぎりの記憶も、もいちど、ぐるりとめぐってきたんかいな？　なるほどなぁ。やっぱ、お産は宇宙のひとめぐりやなぁ。

村中　ねぇねぇ、もうひとつ気づいたことがあるんよ。お産のあいだじゅう、ふたりは、何度も見つめ合っとったね。

長谷川　ひえー、そんなん知らんわ。

村中　無意識にそう描いとるとこが、すてきなんやんか。ほら、見てみて。ふたりが見つめ合っとうときだけ、彼女の表情を描いとるやろ。ふたりがふたりの支えやったんやねぇ。そのことが、ちゃんとこころに残っとったんやねぇ。

長谷川　ほんまかなぁ、そやろか？

村中　ところで、こんなふうにお産にしっかり立ち合ったおかげで、よかったなぁ、と思うことはなんですか？

長谷川　おっ、いきなりまじめなインタビュアーみたいやね。そやなぁ、生まれたときのいとおしい、かわいい姿を見たら、子どもが大きくなっていろんな問題がおきても、あのときを思い出して、のりこえられるような気がする。

　おかあちゃんのおっぱいにだけはかなわないけど、あかちゃんのときは、おんぶひもでおんぶして、仕事の打ち合わせに行ったし、公園デビューも、なんでもしたよ。

村中　かっこええねぇ。じつはね、長谷川さんの日記に刺激されて、うちのおとうちゃんにも、「父親になってよかったことってなに？」って聞いてみたんよ。そしたら、「あいつら以外の父親にならなかった経験がないからなぁー。くらべられねぇよなぁ。おれは、なりたくて父親になったんでねぇけど、あいつらが生まれて、それから、あいつらがずっといてくれたから、おれも自然と父親になっていったわけで……よかったとか悪かったとかいうんでねぇよなぁ」。ね、なんか、すっとぼけてるでしょ。

長谷川　ええやないですか。あかちゃんがだんだんと、おとうちゃんにしてくれる。毎日ひとつずつ、新しいおとうちゃんにしてくれる。それがたのしいと、李衣さんとこの連れ合いさんは言ってるんやと思いますよ。

村中　うーん、お産のかたちも、エピソードも、いろいろあるように、おとうちゃんの誕生の仕方もいろいろってことなんやろうねぇ。

うんこのあかちゃん

10月22日

火よう日

はれ

朝から いいお天気でした。

ぼくは おべんとうを 作りました。

おくさんと 祥ちゃんは 公園へ 行きました。

帰ってきたら 三人で いや 四人で 中ノ島公園

に行って おべんとうを 食べるつもりでした。

1時に おくさんと 祥ちゃんは 帰って
きました。 おしっこ だけして また
公園へ 行くことにしました。

中ノ島 公園は バラの花が さいていました。
毎日のように お昼 散歩して 公園で おべんとう
食べてます。 予定日を 5日すぎても あかちゃん
出てきません、

祥ちゃんは きょうも シューマイしか
食べません

そして すべり台で あそんでました。

公園から帰って

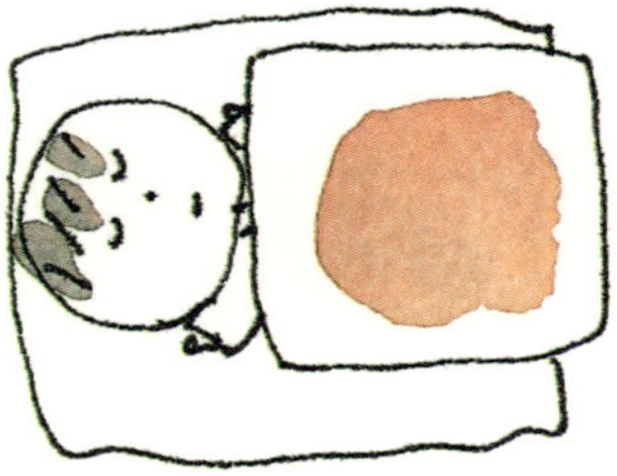

祥ちゃん ねかして

ぼくは 仕事しました。 また きょうも

このまま くれていくのかと 思いながら

4時30分ころ

おくさんが「おしるしがきた」と
言ってきました。 やったー ほんまかいな、
まちがいないのかなー いよいよかー
おくさんは よかったーと うるうる ないて
いました。

よっしゃー

とうとう

あかちゃん

出てくる

おちつきながらも　ドキドキ　あせりながら

もういちど　持って行くもの　チェックして

ビデオ・カメラ　は　わすれずにと　地図に

サイフに　と　　やっぱり　あせります。

祥ちゃん おこして

フクを きがえ さしていると

祥ちゃんは

「ショーチャ マンマ パッパ

タクシー ノウー 」と 言いました。

たしかに 言いました。

いまから 助産院に 行くのが わかる

のでしょうか。 ふしぎでした。

タクシーで　助産院に　いそぎました。

「運転手さん　この地図のとおりに行って」

5時35分には助産院につきました。

正木先生

あかちゃんの心音　ドクドクドクドク

元気そうです。

もう5分おきくらいに
陣痛くるのでした。

きつね
うどんを
食べながら

フーフー　がんばりました。

正木先生は　8時までには生まれるよと
言いました。

平木先生に ビデオの用意しときゃー

と言われて あわてて 三きゃく に セット

しました。 それにしても はやい はやい。

おとうちゃん もう そばに きとかんと

生まれるでー と 正木先生は 言いました。

うわ 頭見えて

きて 祥ちゃんの

ときと いっしょや

もうちょっとです。

先生は はい ここで いきんで とか

頭大きいわー

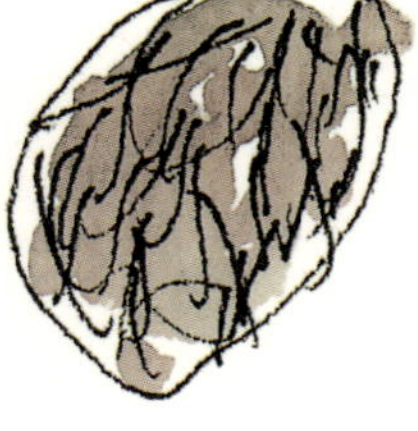

とか 言ってます。

うんこ！

「うんこ」
祥ちゃん いきなり
「うんこ」言いだしました

正木先生は もう
そのままにしとき もう あかちゃん
出てくるで～ と 言いました。

とうとうあかちゃんの頭　首から上が
出ました。

出てきた
あかちゃんの顔が
おかあさんにも見えて、

母と子の　たいめんです。

祥ちゃんも しんけんに 見ていました。

またに うんこ はさんだままで…

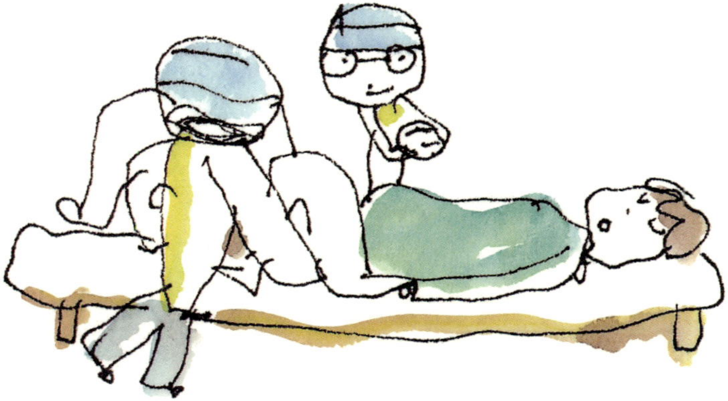

たいばんが スムーズに とれなくて

出血も 多くて あとで きくと ちょっと

あぶなかった らしいです。

でも 正不先生が たすけてくれました。

あかちゃんも元気です。

10月22日 火よう日 よる7時37分

はれ

あかちゃんは この日をえらんで

出てきてくれました。

へりのおが みじかくて 出てきづらかった

そうです。

家族

四人で

写真を

とりました。

でもあかちゃんは 自分の力で 出てきて

くれました。 きれいな 顔の あかちゃん、

3200グラム でした。 ありがとう

うんこのあかちゃん

二回目にしてベテラン？

村中　長谷川さん、今回のお産は、祥ちゃんのパンツ一本勝ちやねぇ。

長谷川　それ、なんで？

村中　なんでて、まずは、祥ちゃん、もう中ノ島公園のすべり台で、下を見おろしとるときから、おにいちゃんになる気持ち整えてる顔してるよね。そいで、家に戻ってきて、お昼寝のあいだにエネルギーためて、目覚めたら「タクシーノウー」。いまからいっしょにお産に臨むぞっていう立派な決意宣言してるやんか。

長谷川　なるほどねぇ。そんなふうに考えへんかったから、なんで服着替えさせてるときに、いまからタクシーに乗ることがわかったんかなぁと、不思議やったんや。

村中　長谷川さんも二度目の体験やけど、祥ちゃんにとっても、自分の誕生をたどりなおす、大事な二度目の体験やったんやと思うよ。

　ほんでも、祥ちゃんに一本とられたとはいうものの、「おしるしがきた」というおかあちゃんのことばを聞いて、長谷川さんが最初につぶやいた「よっしゃー」は、なんともすてき。生まれてくるあかちゃんにとって、父親が自分を迎えてくれる最初のことばが「よっしゃー」なんて、どんだけかうれしいか。潔くって、たのもしくって、最高のウェルカムのことばやねぇ。

男同士の記憶

長谷川　そんなかっこのええもんとちゃうけど、「よっしゃー」言うたわりには、ふたりめのときは、腰をさするとかそんな出番があんまりなくて。でも、その分、祥とふたりで見守ったいう、男同士の記憶が大きいなぁ。

村中　日記見とったら、おかあちゃんのようすを少し離れた場所でふたりで見守る場面で、じいんときたわ。男同士で立ってる、そのふたりの片方ずつの手が、そっとつながれとる。そいで、もう片方の手はつながれることなく、ひとつずつ。それが、いよいよあかちゃんの頭が見えてきて、最後のふんばりのところになると、つながれていた片方ずつの手も離れて、長谷川さんも、祥ちゃんも、おかあちゃんも、あかちゃんも、みんなひとりずつ。いまだけは、ひとりでがんばるしかない。そんなひりひりした覚悟が伝わってきて、なんだか、その姿が、胸にしみたよ。

長谷川　そういう見方もあるんやなぁ。夢中やから、気ぃついてへんかったけど。

　そうや、男同士といえば、このあとね、祥とぼくとの、はじめて男同士で過ごす数日間があったわけですよ。それって、不便で不安なこともいっぱいあるんやけども、なにか男同士つながりあってるみたいな……。途中でおばあちゃんが助っ人にきてくれはったんやけど、ここだけの話やけど、それがちょっと残念なくらい、ええ時間やった。

村中　しかも、離れてはいるけれども、男ふたりで、おかあちゃんとあかちゃんとをしっかり支えているような、晴れがましい気持ち……。

長谷川　うーん、そうかもね。

村中　だって、うちもそうだったらしいから。ふたりめが生まれた日の夜、連れ合いと四歳の長男が家で祝杯をあげている写真が残ってるもん。ふたりで、スルメイカかじって、男同士の宴って感じ。

長谷川　うちはスルメとちゃうなぁ。やっぱ、シュウマイと、おうどんやなぁ。

村中　そうだ、おうどんで、もうひとつ思い出したわ。わたしにも似たような記憶がある。長男はおとうちゃんにまかせて、二歳の娘を連れて四国へ仕事に行ったの。夜遅く、リュックかついで、ふたりで歩いたんやけど、暗い道でも、ちいさな娘と並んで歩いてるだけで、手をつなぎ合ってるだけで、なんにもこわくなかったもん。ふたりで、夜中にふうふう、おうどん食べたっけ。

長谷川　手をつないでる、ただそれだけで、そこが日常になるゆうことかもしれませんね。

うんこも波にのって

村中　ところでさぁ、いちばん大事な話。祥ちゃんの「うんこ」は、偶然やありません！　男先生も長谷川さんも「こんな大事なときによりによって、うんこかいな」みたいなリアクションでしたけど、こんな大事なときやからこそ、祥ちゃんもがんばって、うんこのあかちゃん産みおとしたんです!!

長谷川　ほんまかいな。

村中　ほんまです。おかあちゃんのお産の波に、ちゃあんと祥ちゃんものってたんやないの。家族みんなで、お産の波を越えたんとちがうの？

長谷川　そうか、そういうことやったんか。あいつ、えらいやっちゃなぁ……。

村中　うんこのあかちゃん、おしりにはさんどった凛々しい祥ちゃんの顔、もいっぺん、ちゃあんと見てあげてよね。それから、弟が無事に生まれて家族四人で写真を撮ってるときの顔も。おかあちゃんのベッドにもぐりこんで、おかあちゃんとおとうちゃんのあいだにはさまれて、このときは、もうすっかりかわいらしい顔に戻ってる。

長谷川　せやった、せやった。そいで、祥の水色のタオル地のパンツ、うんこのあかちゃんごと、ビニール袋に入れて、連れて帰ったんやった。

村中　うんこのあかちゃんに気を取られてて、言い忘れてたことがある！　日記の最後に「この日をえらんで出てきてくれました」「自分の力で出てきてくれました」と二回も「出てきてくれた」って、書いてるよね。これって、親として子どもを受けとめる大事な気持ちやと、教えられました。どんな困難があったにせよ、「おぎゃあ」と生まれてきたのは子ども自身の選択。子ども自身の生きる力なんだと、厳粛に受けとめる気持ち、あぁ、忘れたらだめやなぁと。長い子育ての途中でどんなつまずきがあっても、たとえ、思春期の嵐のなかで「生んでくれとたのんだおぼえはない！」と子どもに息巻かれたとしても、この厳粛な瞬間の記憶さえ、ちゃんと持ち続けていれば、だいじょうぶやね。

長谷川　うん、うん。「たのまれたおぼえはないが、おまえが自分で決めて出てきてくれたんや」と言えるわなぁ。

村中　ところでさ、ふたりめなのに、なんで「ろくちゃん」なの？

長谷川　えっ、数字の「六」とちゃいますよ。「ろく」の漢字は「禄」です。「天からの授かりもの」いう意味ですわ。生まれる前から、うちのおくさんが、「ろく」がええ、って。なんとなくことばの響きがいいでしょ。うちの子三人とも「ネ（ころも）偏」がつきます。祥に、禄に、礼。「祥」はおめでたい喜び、「禄」は与えられたしあわせ、「礼」はいのちを与えていただいたお礼です。なかなかいいでしょ、かわいいでしょ。

村中　はいはい。のぞいた頭も、髪の毛もかわいい。名前もかわいい。いうことなしやね。おめでとう。

うんこのかぞく

2000年
2月1日 ふゆ
れい
の生まれた日

2月1日　朝.　いつものように　祥を　幼稚園に
おくっていく.　祥は　きのう　熱が　出たので　ちょっと
しんどそう…。　それにしても　あかちゃんは　いつ生まれるのか…

幼稚園とうちゃく

ちょっと熱があるかも
祥くんもういいんですか
ひぐちせんせー
もりせんせー

先生たちには 熱が37度8分と きこえたらしく
「そうたいにしておきますので。帰ってください。熱があるのにダメだわ」
とかいうことになって帰る。 でも このとき思った
かくしんした。そうか きょうあかちゃん 生まれるなと ホント

祥
きょう 生まれるでー

家に帰る

よわい陣痛はきてるのよね
きょう生まれるで
禄

祥が幼稚園を休むことになり、家族全員 家にいること になった。 きょうは 生まれる…そう思う。

お昼

ごはん たべる

おなか いたいんだけど
これだー というつよいのが
こないのよねー

そーか.

助産師のひばらさんにでんわすると
「しばらく ようす みて みよう」やって さすが おちついている.
でもワシは おーいよいよかー よーし そーか
と ドキドキ おちつかなくなる.

おふろにでも
はいっておくか
ということで

いはいよに そなえて おふろに はいる

5:00ごろ

ひばらさんに　でんわしてみる　夕はんを　すませてから
行きます　とのこと。　さすが　おちついている　というより、
ほんねとしては、　はやく　きてくれよー　だいじょうぶ
なんかいなー　と　思う。

5:30

とりあえず　はらごしらえ　しとかねばと

更科で　そばを　とる

うん　そばを　でまえで　とる　という

あたりに　きんぱくした

くうきを　かんじる

いまいまかー

6:30

いよいよ　ひばらさん　とうちゃく

両手にすごいにもつ

おさんグッズがいっぱい

よかった　ひとあんしん

きてくれたか。

6:40

えー うごけへん?
ちょっと こわいこと 言わんといてよー
えー

なんだか
べつに
うごきません
けど

うん だいじょうぶ
ちゃんと 心音 してる

ワシも
きかせて もらう
ドッドッドッドッ
おー 力づよい
いのちの音
生まれるんやねー

6:50

えー ようい しといて 言うた のに
Tシャツで だめ でおかー
なんで 言われて たん やったら ようい しとけ へんねん

お産パット用意
してなくて
こまった こまった となる

ちょうど 幼稚園のおかあさんともだちの
いのいさんから TELがあったので
たのんで かってきて もらうことにする

ハイお産パット

7:00すぎ　いのいさん　きてくれる

お産パット 薬局に
うってなくてね
Tシャツ
ビニール

けっきょく お産パットは
Tシャツをかさねて
つくることになる

7時からは
祥と 禄は
ポケモン
を見ている

さすが 子ども むじゃきだ…。

お湯をわかすように言われる
よーし これやこれや これが自宅出産や！

7:30

かんちょう をしてから

じゃー
ちょっと しげき
しょうか、 はやく
くるように…

じかん かかりそうやから 陣痛よびましょと…
ひばらさん ゆびでぐりぐり。 うわー マジックフィンガー。
出産たちあい3回目のワシも はじめて見た ベテランのわざ
すごい このひとは できるな と思う。

8:00

いよいよ　つよい　いたみが　きた。

うー

すごい！ マジックフィンガー したら きゅうに

つよい 陣痛がきた ほんまに すごい。

8：30

腰を さする

いのいさんより ワシのほうが じょうず.

ただ さするだけではあかんねん

もー わかるんや

ワシ.

手のそえぐあい

といい

さするリズムといい

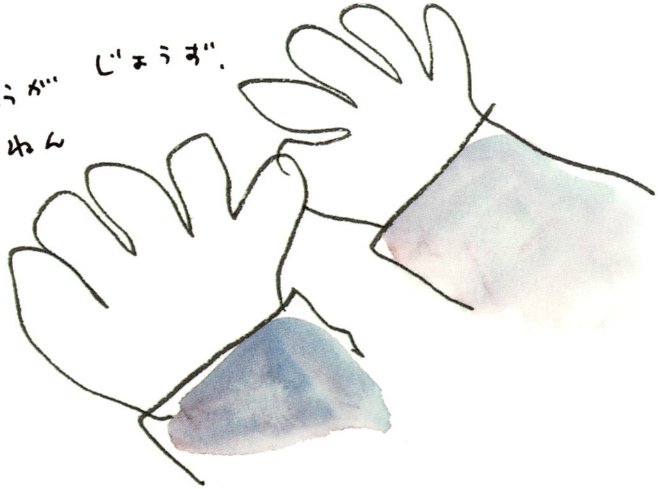

ちょうどいい 力かげんが.　　おーラマーズ二段.

いたみを わすれさせる それは こころとこころね.

おとうちゃんの マジックハンド

8：45

子どもたちも そばに くる

8：45

よこになって

ぐりぐり と おなかを おしたら

急に あかちゃんが 下に さがった　またも見た！

マジック フィンガー ひばらテク！　すごい。

9:00

もう20分くらいで生まれるよと
言われる

かがみで
見せてあげる

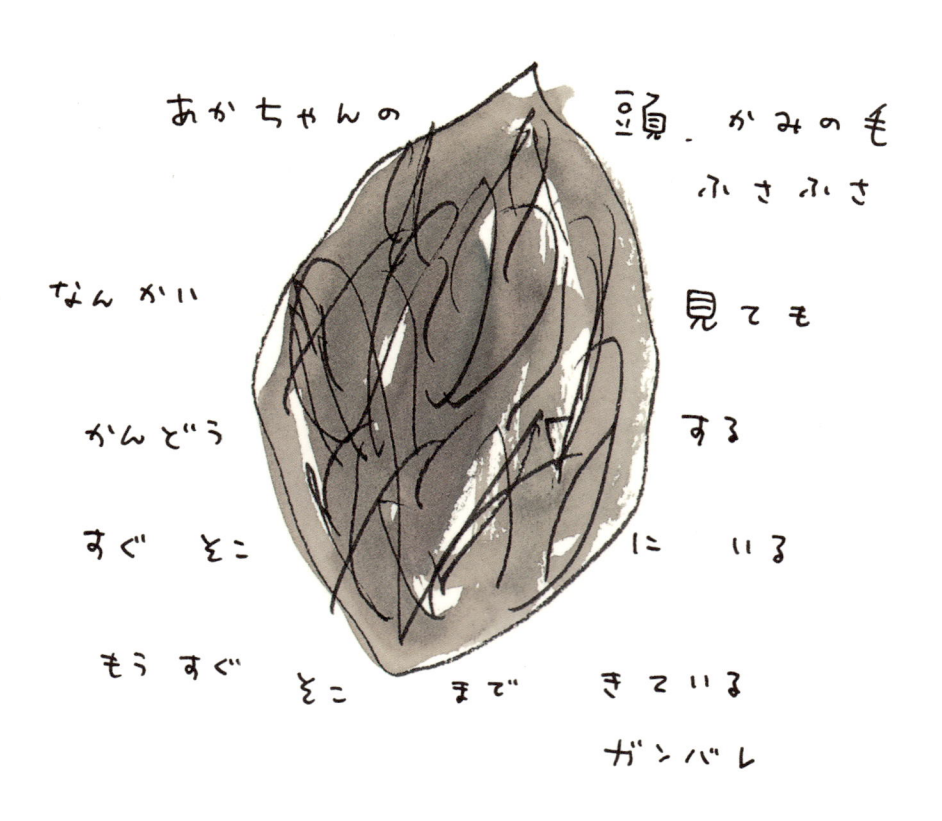

あかちゃんの　頭。かみの毛

ふさふさ

なんかい　見ても

かんどう　する

すぐ　そこ　に　いる

もう　すぐ　そこ　まで　きている

ガンバレ

9：19　ムリムリ　ブリ――と　とうとう

あかちゃん

生まれる

とっても　きれいな　あかちゃん
うおぃー　すごい　げんき、すごい　生まれた
そして　やっぱり　ちんちん　は　ついていた。

へソのおを
きらせてもらう
その はさみ きれへんまー の ことば どおり

ごっつい
きれへん

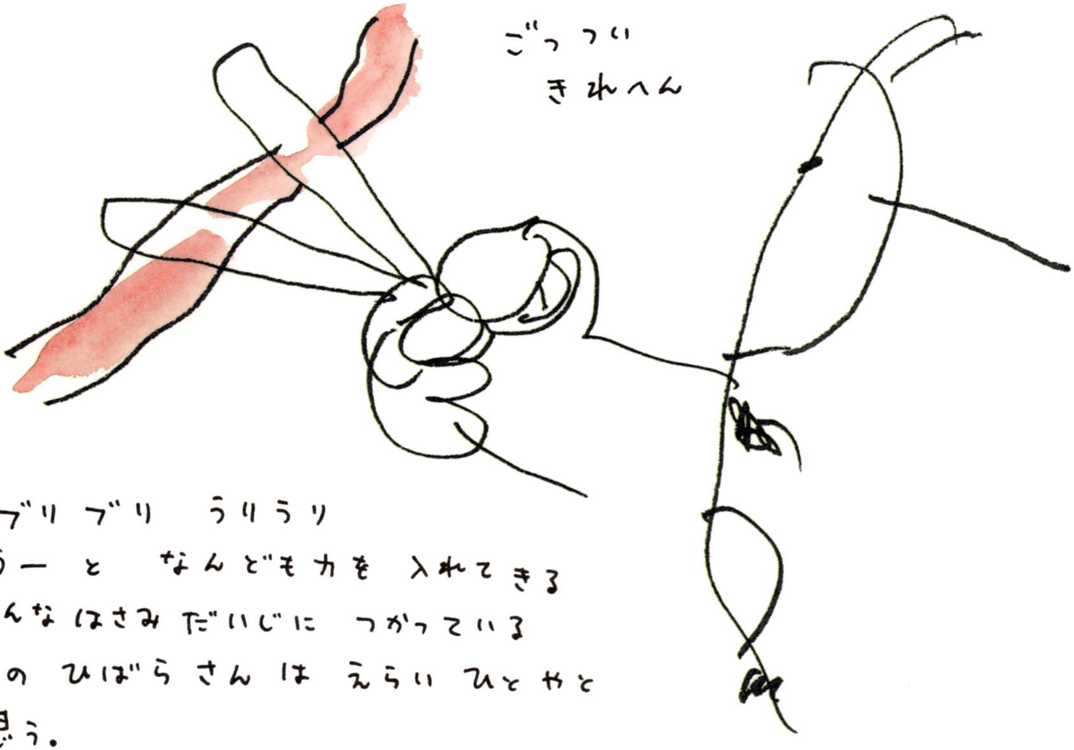

ブリブリ うりうり
うー と なんども力を 入れてきる
こんなはさみ だいじに つかっている
この ひばらさん は えらい ひとやと
思う。

へソのお きりは おとうちゃんの しごと

げんき な とても きれいな あかちゃん

生まれてくれて ありがとう げんきに産んでくれて
ありがとう こんな きれいな 男の子 だいじに
そだてようと思う。

ひばらさんは
たいばんを
うらおもて
見せてくれた

自宅出産はええ。

でも
血のかたまり
をトイレに
ながすのは
ちょっと
きもち
わるかった。

うんこのかぞく

おとうちゃん、詩人になる

村中　三度のお産に立ち合うことで、長谷川さん、どんどん変わっていったんやねぇ。三つの日記を読みくらべると、それがようくわかるよ。

長谷川　へ？

村中　最初のお産のときはなんでも見てやろうっていう観察者。二度目のお産のときは、最初のお産体験を生き直すっていう、精神的実践者。そいで三度目は、感慨無量のお産詩人って感じ。

長谷川　詩人かどうかはおいといてですねぇ（身をのりだして）、三人目の礼が生まれるときは、ほんまに、「あ、きょうや。きょう生まれる」って、ぼく、ちゃんとわかったんですわ。生まれるってことは、ようく考えると、すべてのつじつまがちゃあんと合ってるんですわ。そのことが、ぼくにも、わかったんです。

村中　そのつじつまの合い方が、いい自宅出産に結びついたんやね。

長谷川　助産師さんの「ひばらさん」も、どっしりかまえてはって、すごいひとやった。ひともすごいけど、彼女の道具もすごいねんで。あのへその緒を切るハサミの切れへんことといったら、はんぱやないで。

村中　へその緒を切るのって、どんな感じなん？

長谷川　あれ、李衣さん、知らないの？

村中　知らない。病院のひとが切ったし。

長谷川　なんちゅうもったいないこと。わが子の自立の瞬間やないですか。

村中　すいません……無自覚で。そんで、どんな感じなん？

長谷川　ぐりぐりむにゅむにょっていうか……しっかりつまったゼラチン質を切るような感じなんやけど。どう動かしてみても、ひばらさんのハサミは、ほんまに切れへんかった。きっと、刃がこぼれてきてても、このハサミ、捨てられへんのやなぁと思った。いのちを世に送り出し続けたハサミやからなぁ。

村中　うん、日記の絵からも、そういうひばらさんのすごさっていうか懐の深さみたいなもの、伝わってくるよ。なにがあっても、驚かない。なるようになるんや、っていう海みたいな信念をお持ちなんやろねぇ。

長谷川　ほんま、ひばらさんの手、マジックハンドやねん。こうやって（長谷川さんの手に、ひばらさんの手がのりうつる）こんなんやったら、ぐりぐりっと、おおっ、もうそれだけで、あかちゃんの動きが変わんねん。

つながるお産パワー

村中　でも、そのひばらさんパワーを受け取るに値する「産み出すパワー」を、おかあちゃんも負けないくらい発しているように見えたよ。顔つきに力があるもん。

長谷川　そうやねん。あのひとは、ほんとすごいひとです。

村中　いやいや、長谷川さんも、すごいひとやと思うたよ。日記のなかに、「8：00　いよいよ、つよいいたみがきた」とあって、このときのおかあちゃんと長谷川さん、ふたりいっしょに、おんなじ痛みを越えようとしているのが、ずうんと、伝わってくる。絵を見ても、おかあちゃんと長谷川さんは一体やんか。

長谷川　わかる？　立ち合いも三回目で、なんか自信あってん。

村中　くやしいけど、わかるよ。

長谷川　なんでくやしいのん？

村中　うちの場合はね、おとうちゃん待ちくたびれて、病室のわたしのベッドで眠りこけてて、看護師さんに揺り起こされるまで気づかなかった。

長谷川　あはははは。

おとうちゃんよ、胎盤を抱け

村中　あはは、やないよ。そんでもね、分娩室に入る前に「きょうじゅうに生まれたら、平成二年八月二八日で、ニヤニヤやなぁ」ってとぼけた声で言うたんよ。なんだかそれがおかしくて、そうか、きょうがこの子の誕生日になるって、パニックになりかけてた気持ちが、すーっとおさまった。

長谷川　なんや、うまいとこおさめたね。どっこも、ふたつとおんなじものがない、ひとつずつのしあわせなお産や。

村中　未来のおとうちゃんたちに、なにかメッセージをどうぞ。

長谷川　惚れたはれたゆうても、おかあちゃんの胎盤、裏表見んことには、一人前のおとうちゃんとは言えへんで。

村中　ねぇ、その胎盤の裏表って、なに？　日記見てたら、アンモナイトみたいなかたち、してるんやねぇ。

長谷川　ようそんな、のんきなことゆうてはるわ。自分の胎盤、見てないの？

村中　見てません。へその緒も切ってません。

長谷川　これが、ごっつう、でっかいねんで。ちゃあんと裏表があって、きれいやねんけど、血まみれやねん。

村中　うわっ。その胎盤を、ちゃんと持ったんやね。

長谷川　ひばらさんが見せてくれてん。鉄分くさいよー、血のにおいやね。たおれそうになるよ。けど、それは胎盤が、おかあちゃんとあかちゃんの血液の交差点だった証拠やし。十ヶ月ものあいだ、栄養も呼吸も排泄も、みいんな、ここで交換されとった、いうたらキーステーションやんか。あかちゃんが生まれて自分の役割がすんだら、ペロンって出てくるんやから、すごいで、胎盤は。

村中　そしたら、生まれてからは、おとうちゃんが、家族の胎盤みたいなもんやねぇ。

長谷川　それはちょっと、気持ち悪いわ。

村中　ごめんごめん。話それたけど、あかちゃんをお家でみんなで迎えられたっていうこと、それが、長谷川さんちの幸福の原点のような気がします。

長谷川　助産師さんに教えてもろたんやけど、立ち合い出産、ラマーズ法いうのは、「ひっひー、ふっふー」って呼吸合わせて腰をさすることだけではない、と。生まれたあとも、おとうちゃんもちゃんと子育てすることやと。ずうっと続いていく、親子の自然なかかわり合い、自然な呼吸の合わせ方を意味するんやってこと。

村中　ずうっと続く子育てのラマーズ法かぁ。向かい合う相手の呼吸を感じながら生活をていねいに重ねていくってこと、簡単なようでいて、むずかしいもんねぇ。

長谷川　まぁ、これからがたいへんなんやけど、生まれてくれた、産んでくれた場面に立ち合って、絵日記に描いてよかったと思います。

　これからのプロポーズはこれですよ。「きみの胎盤見せてください！」

そんな わが家の 子どもたちの おたんじょうびの日

きょうは 禄の おたんじょう び

きょうで 10さいに
なりました。

はずかしそうな
うれしそうな 禄

きょうは とくべつ ふんぱつして
ステーキ というものを
↑ いただく
禄のリクエスト

ちなみに 祥のときは エビフライ
礼のときは あまえび
ということになっている

ごはんをたべたら すぐに プレゼントタイム

まず ろうそくに 火をつけて、
これも 禄の きぼうで
ケーキではなく
大阪の子らしく
たこやきに
ろうそくをたてる。

これほんと
のはなし
↑

ろうそくの火をけして それぞれ禄のために考えたプレゼントをわたします。

プレゼント
なにとおもう？
やはり
うれしはずかしい
禄

そして たこやきを食べながら
禄がうまれてくるときのビデオを見ます。

ほら、もう
でてくるで
うわー
いたかったなー

毎年見ていると
うまれたときのことを
わすれないのだ。

うん

さいごに禄がうまれた日の絵日記を
みんなで見ます。

10月22日
火よう日
はれ

そして次の日は ふつうのメニューに
もどるけれども やはり家族5人で
ごはんをいただくのでした。

きょうは
ステーキじゃ
ないの
ふつうのことが
だんらんなんですねえ…。
イヌのチャイ

うん このあかちゃん

おとうちゃんの出産絵日記

発行日●2006年11月 初版

作●長谷川義史
おせっかい助産師●村中李衣

発行人●落合恵子
発行●株式会社クレヨンハウス
〒107-8630　東京都港区北青山3-8-15
電話●03-3406-6372
ファックス●03-5485-7502
e-mail●shuppan@crayonhouse.co.jp
URL●http://www.crayonhouse.co.jp/

ブックデザイン●広瀬克也

印刷●凸版印刷株式会社

本文中の「うん このあかちゃん」のみ、
[月刊クーヨン]（クレヨンハウス）2006年9月号にて初出。

ISBN4-86101-067-5 C0071　19×19cm／84p